AF525034
www.entdecke.de

Entdecke Schwäne, Gänse & Enten

Thomas Schmidt

1. Auflage 2022

ISBN: 978-3-86659-490-6

An der Kleimannbrücke 39/41
48157 Münster
Tel.: 0251-13339-0
Fax: 0251-13339-33
E-Mail: verlag@ms-verlag.de

Home: www.ms-verlag.de
Geschäftsführung: Matthias Schmidt
Layout: Agneta Becker
Lektorat und Bildredaktion: Kriton Kunz
Druck: Drusala, Frýdek-Místek

Bildquellen:

mauritius images
Titelbild: Volodymyr Burdiak / Alamy / Alamy Stock Photos
S. 1 Michael Weber / imageBROKER
S. 9 oben rechts: CORREIA Patrice / Alamy / Alamy Stock Photos
S. 10 Kreis Mitte rechts: E.J. Peiker/ BIA
S. 13 oben links: Simon Littlejohn / Alamy / Alamy Stock Photos
S. 14: Westend61 / Fotofeeling
S. 18–19: Life on white / Alamy / Alamy Stock Photos
S. 18 oben: Tom Meaker / Alamy / Alamy Stock Photos
S. 18 unten: Blickwinkel / Alamy / Alamy Stock Photos
S. 20 unten: nature picture library / Pal Hermansen
S. 21 unten: Jack perks / Alamy / Alamy Stock Photos
S. 22 oben: Minden Pictures / Chris Schenk/ Buiten-beeld
S. 26 unten links: Abi Warner Photography / Alamy / Alamy Stock Photos
S. 26 unten rechts: Johann Schumacher / Alamy / Alamy Stock Photos
S. 28 rechts: Alf Jönsson / imageBROKER
S. 29 rechts: Tierfotoagentur / m.blue-shadow
S. 30 oben: Pitopia / Engelbert Rief
S. 54 Mitte: McPHOTO / Helmut Gukelberger
S. 57 unten: Minden Pictures / Jan Wegener / BIA
S. 58 oben: Minden Pictures / Cyril Ruoso

shutterstock
Vorsatz: olpo
Rückseite: natthawut ngoensanthia
S. 2–3: Jonas M. Schmidt
S. 4–5: powell'sPoint
S. 4 oben links: Cristina Ivan
S. 5–6: Frank Wagner
S. 6: Ger Bosma Photos
S. 7 oben: R. Maximiliane
S. 7 unten: Erni
S. 8–9: Greens and Blues
S. 8 oben: clarst5
S. 9 oben links: Wang LiQiang
S. 10–11: Ivaschenko Roman
S. 10 Kreis oben links: Paul Reeves Photography
S. 10 Kreis oben rechts: Marek R. Swadzba
S. 10 Kreis Mitte links: Brian E Kushner
S. 10 Kreis unten links: Daniel Prudek
S. 11 unten: Harold Stiver
S. 12–13: mauroossa
S. 12 oben: Foto 4440
S. 13 oben rechts: Ondrej Prosicky
S. 15 oben: Jeremy Richards
S. 15 Karte: ii-graphics
S. 15 unten rechts: Jeremy Richards
S. 16 oben: EMILY19
S. 16 unten: Storm Is Me
S. 17 oben links: Vishnevskiy Vasily
S. 17 oben rechts: Nejib Ahmed
S. 17 unten links: Rudmer Zwerver
S. 17 unten rechts: KarenHBlack
S. 20 oben: Manfred Ruckszio
S. 21 unten links: Ludmila Kapustkina
S. 21 unten rechts: OPgrapher
S. 22 unten: New Africa
S. 23: Martin Mecnarowski
S. 24: Erni
S. 25 oben links: Ingrid Maasik
S. 25 oben rechts: Albert Beukhof
S. 25 unten: msnobody
S. 26 oben: Agnieszka Bacal
S. 27: Marie C Fields
S. 28 links: Eric Isselee
S. 29 oben links: Montipaiton
S. 29 mitte links: DenisNata
S. 29 mitte rechts: Aksenova Natalya
S. 30 unten: chuyuss
S. 31 oben: Regien Paassen
S. 31 unten: Dan Olsen
S. 32 Blechdose: xpixel
S. 32 oben: koblizeek
S. 32 unten: RoStyle
S. 33 oben: Only_NewPhoto
S. 33 unten: Sanit Fuangnakhon
S. 34 oben: otsphoto
S. 34 unten: Potapov Alexander
S. 35 oben: Jason Crook
S. 35 rechts: OKAWA PHOTO
S. 36–37: rck_953
S. 36: grandbrothers
S. 38–39: Travel-Fr
S. 38: Elenarts
S. 39: Simon Vasut
S. 40–41: Marek Rybar
S. 42: Maciej Olszewski
S. 43 oben: Philippe Clement
S. 43 unten: NaturesMomentsuk
S. 44–45: aaltair
S. 44 oben: Cliff Day
S. 44 links: aaltair
S. 45: Bildagentur Zoonar GmbH
S. 46 oben: RLS Photo
S. 46 unten: Susan Hodgson
S. 47 links: Miao Liao
S. 47 rechts: Sophia Granchinho
S. 48–49: PACO COMO
S. 48 oben: Adrian Eugen Ciobaniuc
S. 49 oben: Jordi Jornet
S. 50 oben: Seppo Miettinen
S. 50 unten: Ihor Hvozdetskyi
S. 51 oben: Maximillian cabinet
S. 51 unten links: feathercollector
S. 51 unten rechts: FotoRequest
S. 52 oben links: Johnny Giese
S. 52 oben rechts: Eric Isselee
S. 52 unten: CREATISTA
S. 53: travelpeter
S. 54 oben: mutan
S. 54 unten: COULANGES
S. 55 oben links: Simonas Minkevicius
S. 55 rechts: Aksenova Natalya
S. 55 unten links: CezaryKorkosz
S. 55 rechts: Ondrej Prosicky
S. 56 oben links: Tatiana Popova
S. 56 oben rechts: SanderMeertinsPhotography
S. 56 links: Anton MirMar
S. 56 unten: Hubert Schwarz
S. 57 oben links: Simon Vasut
S. 57 oben rechts: clarst5
S. 58 unten: Eric Isselee
S. 59 oben: slowmotiongli
S. 59 unten: Daniel Prudek
S. 60–61: Wirestock Creators
S. 60: Jody Ann
S. 61 links oben: Bildagentur Zoonar GmbH
S. 61 Mitte: FotoRequest
S. 63: Africa Studio
S. 64: DenisNata

Inhaltsverzeichnis

Hamburgs Alsterschwäne

Hamburgs Alsterschwäne sind ein Wahrzeichen der Hansestadt. Seit dem Jahre 1674 leistet sie sich sogar einen eigenen „Schwanenvater“. Das ist einzigartig in Deutschland! Der Schwanenvater kümmert sich um die majestätischen Vögel. Im November bringt er die rund 120 Höckerschwäne mit blauen Booten zum Eppendorfer Mühlenteich. Dort verbringen sie den Winter. Damit das Wasser nicht zufriert und die Schwäne weiterhin schwimmen und nach Nahrung suchen können, wird es durch Umwälzpumpen in Bewegung gehalten. Im März kehren die Schwäne dann wieder auf die Alster zurück

Willkommen in der Welt der Entenvögel!

Es ist Frühling. Ich stehe am Ufer der Hamburger Außenalster, um Entenvögel zu beobachten. Über mir rauscht es merkwürdig. Beim Blick nach oben entdecke ich zwei Höckerschwäne. Mit ihren großen Flügeln erzeugen sie dieses metallisch singende Fluggeräusch. Im nächsten Moment landen die imposanten Vögel klatschend auf dem Wasser. Hier fühlen sie sich wohl. Und sie sind nicht allein. Auf den weiten Wasserflächen der Außenalster, aber auch auf der kleineren Binnenalster schwimmen ganz viele dieser beliebten Wasservögel. Die Hamburger nennen sie liebevoll „Alsterschwäne“.

Meine beiden Höckerschwäne schwimmen eine ganze Zeit umher. Immer wieder tauchen sie ihre langen Hälse unter Wasser, um Wasserpflanzen zu verzehren. Jetzt kommen sie an Land und fressen auch dort weiter. Ihre großen, schwarzen Füße besitzen Schwimmhäute, mit denen die Höckerschwäne prima durch das Wasser paddeln können. Als ich mich den Vögeln nähern will, fauchen sie wie eine Schlange und machen mir klar: „bis hier und nicht weiter!" Schließlich watscheln die beiden Schwäne wieder ins Wasser zurück und schwimmen eine kürzere Strecke. Plötzlich laufen die imposanten, schweren Vögel mit schlagenden Flügeln laut platschend so lange über die Wasseroberfläche, bis sie genügend Schwung haben, um sich in die Luft zu erheben.

Stockenten sind häufige Bewohner unserer heimischen Gewässer. Vorn siehst Du ein Männchen, den Erpel, hinten das Weibchen, die Ente.

Ich schaue den langsam und kraftvoll fliegenden Höckerschwänen noch eine Weile hinterher. Dann lenkt mich ein nasal klingendes „gagagag" von meiner Beobachtung ab. Es kommt von hinten. Ich drehe mich um und sehe eine ganze Grauganfamilie: Papa, Mama und die Kleinen, auch Gössel genannt.

Graugänse sind nicht selten. Diese Wasservögel suchen ihre Nahrung im Gegensatz zu den Höckerschwänen lieber an Land. Auf ihrem Speisezettel stehen verschiedene Gräser, Kräuter und andere Pflanzen. Die Graugänse in der Stadt haben sich an den Menschen gewöhnt und gehen sogar auf Verkehrsinseln mitten in der City auf Nahrungssuche. Auf dem Land sind sie scheuer und ergreifen schnell die Flucht, wenn ein Mensch sich ihnen nähert.

Beim Fliegen erzeugen Schwäne ein metallisch singendes Geräusch

Ein Pärchen Graugänse mit seinen Jungen

Der Federschopf der Reiherente hängt meist hinten herab, hier dagegen ist er ziemlich skurril aufgerichtet

Bestimmt erinnerst Du Dich noch an das Kinderlied: *Alle meine Entchen schwimmen auf dem See, schwimmen auf dem See, Köpfchen in das Wasser, Schwänzchen in die Höh´*. Damit ist eine bestimmte Verhaltensweise der Enten gemeint, nämlich das „Gründeln“. Und tatsächlich sehe ich auf der Außenalster zwei Stockenten, ein Männchen und ein Weibchen. Immer wieder kippen die beiden ihren Vorderkörper nach vorne unter Wasser, während ihre Schwänze in die Luft ragen. Auf diese Weise suchen sie im Wasser nach Nahrung. Das können Wasserpflanzen sein, aber auch zum Beispiel Mückenlarven, kleine Krebse und Fische.

Noch eine andere Ente fällt mir auf. Sie ist schwarz, hat weiße Flanken und an ihrem Hinterkopf einen langen, herabhängenden Federschopf. Es ist eine männliche Reiherente. Plötzlich taucht sie weg. Nach einigen Sekunden kehrt der Vogel mit einer kleinen Muschel im Schnabel wieder zur Wasseroberfläche zurück. Tropfen perlen von ihrem Körper. Wie alle Wasservögel kann auch die Reiherente nicht richtig nass werden. Sie fettet nämlich ihr Federkleid mit einem wasserabweisenden, öligen Sekret ein, das sie in ihrer „Bürzeldrüse“ produziert. Diese befindet sich auf der Körperoberseite am Grunde der Schwanzfedern.

Ich glaube, Du möchtest jetzt noch viel mehr über das faszinierende Leben der Schwäne, Gänse und Enten erfahren und bist gespannt auf weitere Informationen. Dann komm mit auf eine spannende Reise durch die Welt dieser wundervollen Vögel. Viel Freude beim Lesen!

In Australien zu Hause ist der Trauerschwan

Zwerge und Riesen

Der Trompeterschwan lebt in Nordamerika und gilt als größter Entenvogel der Welt. Er kann bis zu fast zwei Meter lang werden und eine Flügelspannweite von im Extremfall zweieinhalb Metern erreichen. Als kleinster Entenvogel der Welt gilt die Indische Zwergglanzente. Ihre Länge beträgt knapp unter dreißig Zentimeter.

Weltweit zu Hause

Ob es kalt ist wie in der Arktis oder warm wie in den Tropen: Entenvögel sind weit verbreitet. Bis auf die Antarktis findest Du Entenvögel auf allen Kontinenten. So ist der Trauerschwan in Australien zu Hause, die Amazonasente in Südamerika, die Schneegans in Nordamerika, die Afrikanische Zwergente in Afrika, die Mandarinente in Asien und die Moorente in Europa. Viele Arten sind sogar auf mehreren Kontinenten verbreitet. Beispielsweise brütet die Moorente neben Europa auch in Asien und überwintert in Afrika.

Entenvögel, die in den warmen Tropen zu Hause sind, wie etwa die Pfeifgänse, bleiben das ganze Jahr über dort. Solche Arten, die in der Arktis oder anderen kalten Regionen brüten, wandern zur Überwinterung in wärmere Gebiete, wo es auch in der winterlichen Jahreszeit noch genug zu fressen gibt. Vielleicht hast Du ja schon einmal am Himmel Wildgänse beobachtet, die in den Süden ziehen. Oft sind das Blässgänse, die von ihren Brutgebieten in Nordrussland bis nach Mittel- und Westeuropa wandern. Ihre Winterquartiere finden sie beispielsweise am Niederrhein und in Belgien.

Bei uns in Mitteleuropa gibt es einige Arten von Entenvögeln, die hier früher gar nicht zu Hause waren. Sie stammen aus ganz verschiedenen Regionen der Welt und leben erst seit einiger Zeit auch bei uns. Zoologen, also Wissenschaftler, die sich mit Tieren beschäftigen, nennen solche Arten „Neozoen“ oder „Neubürger“.

Keine Probleme mit der arktischen Kälte haben Weißwangengänse

Im fernen Osten Asiens hat die wunderschöne Mandarinente ihre ursprüngliche Heimat

Die Afrikanische Zwergente bewohnt warme, tropische Gefilde Afrikas

Zu den Entenvögeln, die als Neozoen bei uns heimisch geworden sind, zählen beispielsweise die Mandarinente und die Kanadagans.

Die Mandarinente stammt ursprünglich aus Ostasien. Wegen ihres prächtigen Gefieders wurde sie in Mitteleuropa eingeführt und hier gezüchtet. Immer wieder gelangten einzelne Mandarinenten in Freiheit oder wurden sogar gezielt ausgesetzt.

Auch viele der bei uns lebenden Kanadagänse, deren eigentliche Heimat Nordamerika ist, stammen von Vögeln ab, die aus Gefangenschaft geflüchtet sind oder bewusst ausgesetzt wurden, um die Wasservogelwelt auf den Teichen und Seen unserer Parks zu bereichern.

Du hast sicher schon das Quaken der Enten oder das Schnattern der Gänse gehört. Auch die Schwäne sind sehr stimmfreudig. Am lautesten ist der Trompeterschwan. Den Namen verdankt er seinen durchdringenden Rufen, die an Trompetentöne erinnern. Der riesige Trompeterschwan hat zwar schon einen sehr langen Hals, er wird aber noch übertroffen vom Trauerschwan. Diese australische Art gilt als der Entenvogel mit dem längsten Hals. In ganz seltenen Fällen trifft man den fast völlig schwarzen Trauerschwan auch bei uns an. Es gibt hier sogar einige Brutpaare. Sie stammen von Exemplaren ab, die aus Haltungen zum Beispiel in Vogelparks entflogen sind.

Eisente
Sporngans
Brillenente
Kappensäger
Prachteiderente

Große Vielfalt

Weltweit gibt es rund 150 bis 175 verschiedene Arten der Entenvögel – wie viele genau es sind, das beurteilen Vogelkundler unterschiedlich.

Ebenfalls unterschiedlich sehen Vogelkundler, welche Arten aus der Familie der Entenvögel untereinander am nächsten verwandt sind – solche Arten werden nämlich zu Gruppen zusammengefasst, sogenannten Unterfamilien. Das schlaue Eulchen Xabi und ich zählen dazu die Gänse, die Pfeifgänse, die Affenenten, die Halbgänse, die Sporngänse, die Tauchenten sowie eine Unterfamilie, zu der unter anderem die Ruderenten, die Meerenten und Säger und die Schwimmenten gehören. Außerdem gibt es noch eine Reihe weiterer Entenvögel, von denen die Wissenschaftler sich aber noch nicht sicher sind, in welche Unterfamilie sie diese Arten einordnen sollen. Übrigens: Falls Du in dieser Aufzählung die Schwäne vermisst hast – sie sind große Vertreter der Gänse.

Obwohl sich die einzelnen Arten der Entenvögel in ihrem Aussehen und Verhalten unterscheiden, haben sie doch einige Gemeinsamkeiten. So besitzen Schwäne, andere Gänse und auch manche Enten einen langen Hals. Sie sind gut an das Leben im Wasser angepasst: Ihr Gefieder ist sehr dicht und gut eingefettet, damit sie beim Schwimmen und Tauchen nicht nass werden. Der lange und breite Körper verschafft den Entenvögeln einen guten Auftrieb und erleichtert ihnen so die Fortbewegung im Wasser.

Die meist breiten und flachen Schnäbel besitzen an den Innenrändern Hornlamellen oder kleine Zähnchen. Damit filtern die Vögel Kleinstlebewesen aus dem Wasser oder halten erbeutete Fische fest.

Paddelfüße

Zwischen den Zehen der Entenvögel befinden sich Schwimmhäute, mit denen sie im Wasser kraftvoll paddeln und auch steuern können.

Einige ganz besondere Entenvögel

Alle Entenvögel sind sehr interessant, und die beliebtesten heimischen Vertreter wirst Du später in diesem Buch noch ausführlicher kennenlernen. An dieser Stelle möchten die schlaue Eule Xabi und ich Dir jedoch ein paar Arten vorstellen, die in anderen Regionen der Welt leben und die wir ganz besonders spannend finden.

Ein Brutschmarotzer ist die Kuckucksente

Kuckucksente

Zu den außergewöhnlichsten Entenvögeln dieser Welt zählt sicher die Kuckucksente. Sie lebt in Südamerika und macht es wie unser Kuckuck: Ihre Eier legt sie in die Nester anderer Wasservogelarten wie beispielsweise der Peposaka-Ente oder des Gelbschnabel-Blässhuhns. Da die Eier der Kuckucksente denen ihrer Wirtsvögel stark ähneln, merken diese oft gar nicht, dass sie nicht ihren eigenen Nachwuchs ausbrüten, sondern den des Brutschmarotzers.

Während jedoch geschlüpfte Kuckucksjunge die übrigen Eier im Nest hinauswerfen, ist das bei den Jungen der Kuckucksente nicht der Fall. Nach ein bis zwei Tagen verlassen sie das Nest und suchen sich eine Entenmutter, die mit Küken unterwegs ist – ganz gleichgültig, um welche Entenart es sich dabei handelt!

Reißende Gebirgsbäche sind der Lebensraum der Sturzbachente

Sturzbachente

Eine außergewöhnliche Lebensweise führt die Sturzbachente, die zu den Halbgänsen gehört. Sie kommt in Südamerika entlang der Anden vor, einer gewaltigen Gebirgskette. Dort bewohnt sie reißende Bäche, in denen sie nach ihrer Nahrung taucht oder gründelt. Ihre Beute sind vor allem im Wasser lebende Insektenlarven. Mit ihrem weichen Schnabel kann sie diese selbst aus schmalen Spalten im Gestein herauspulen.

Weibchen (links) und Männchen (rechts) der Sturzbachente unterscheiden sich deutlich voneinander

Hawaiigans

Die meisten Entenvögel verbringen einen großen Teil ihres Lebens am oder auf dem Wasser. Eine Ausnahme ist die Hawaiigans. Wie ihr Name schon sagt, ist sie auf der zu den USA gehörenden Insel Hawaii zu Hause. Dort lebt und brütet diese Gans auf hoch gelegenen, fruchtbaren Lava-Feldern. Zwar fehlen dort Teiche und Seen, doch verhungern und verdursten muss die Hawaiigans trotzdem nicht. Auf dem Lavagestein wachsen nämlich genugend Gräser und beerentragende Sträucher, die durch den Morgentau und die täglichen Regenfälle immer schön feucht sind.

Da es im Lebensraum der Hawaiigans kaum Gewässer gibt, brauchen die Vögel auch keine großen Schwimmhäute zwischen den Zehen. Wichtiger ist, dass sie auf der erkalteten Lava, auf der sie die meiste Zeit nach Nahrung suchen, gut laufen können. Darum besitzt die Hawaiigans kräftige Zehen und als einziger Entenvogel nur noch sehr kleine Schwimmhäute. Übrigens: Bei allen Gänsen nennt man das Männchen Ganter.

An das Leben auf Lavafeldern angepasst hat sich die Hawaiigans

Mutter Dampfschiffente führt ihre Jungen zur Nahrungssuche in eine seichte Meeresbucht

Falkland-Dampfschiffente

Wir sind es gewohnt, dass Enten oder Gänse in kraftvollem Flug über uns hinwegrauschen. Vielleicht überrascht es Dich, aber es gibt auch Entenvögel, die überhaupt nicht fliegen können: Das ist bei drei Arten der Dampfschiffenten der Fall. Sie heißen so, weil sie mit ihren kurzen, dünnen Flügeln wie ein Kajakfahrer abwechselnd links und rechts rudern, wenn sie im Wasser rascher vorankommen wollen. Dann spritzt das Wasser nur so, und das erinnerte frühere Beobachter an Raddampfer – daher ihr Name.

Die Falkland-Dampfschiffente lebt nur auf den Falklandinseln, östlich der Südspitze von Südamerika. Weil es dort an Land keine großen Fressfeinde gibt, brauchte diese Art nicht mehr zu fliegen, um ihnen zu entkommen. Daher verlor sie im Lauf ihrer Entwicklung ihre Fähigkeit zu fliegen.

In flachen, felsigen Meeresbuchten suchen diese Vögel gründelnd, aber vor allem tauchend nach Krebstieren, Schnecken und Muscheln.

Falkland-Dampfschiffenten können nicht fliegen, aber der Seeelefant stellt ohnehin keine Bedrohung dar

Streifengänse kommen mit der Kälte und der Sauerstoffarmut in großen Höhen zurecht

Extrem hohe Berge müssen Streifengänse auf ihren Wanderungen überfliegen

Streifengans

Streifengänse brüten vor allem in den hoch gelegenen Ebenen Zentralasiens, beispielsweise in Tibet, der Mongolei sowie im Norden Indiens. Ihre Überwinterungsgebiete dagegen liegen weiter südlich. Um dort hinzugelangen, müssen die Vögel allerdings eine riesige, extrem hohe Gebirgskette überfliegen: den Himalaya. Dabei erreichen sie teils eine Höhe von über 9 000 Metern – genug, um auch den höchsten Berg der Welt zu überfliegen, den Mount Everest!

Dort oben ist es eiskalt, und es gibt 70 Prozent weniger Sauerstoff als in Tiefebenen. Darum mussten Streifengänse spezielle Anpassungen entwickeln. Beispielsweise kann ihr Blut Sauerstoff besonders effektiv aufnehmen.

Links: Eine Rostgans mit ihren Jungen
Rechts: Im Flug zeigt die Rostgans ihre schwarzweiße Flügelfärbung

Rostgans

Diese Art stammt vor allem aus Steppengebieten in Zentralasien, aber auch im Nordwesten Afrikas sowie im Osten und Südosten Europas leben Rostgänse. In Mitteleuropa ist die Rostgans dabei, sich als Neubürger festzusetzen. Wie bei manch anderem Entenvogel handelt es sich auch bei dieser Art um einen Höhlenbrüter. Ihre flache Nistmulde polstern die Tiere mit ein wenig pflanzlichem Material. Das Besondere aber ist: Wenn sie keine freie Höhle in Felsen oder Bäumen zum Nisten finden, graben sie sich einfach selbst eine!

Paradieskasarka

Der Paradieskasarka zählt zu den Halbgänsen und ist in Neuseeland zu Hause. Dort leben die Vögel heute vor allem auf den reichlich vorhandenen Weideflächen für Nutztiere, die der Mensch geschaffen hat, denn sie ernähren sich überwiegend pflanzlich. In der Nähe von Sümpfen und anderen Gewässern brüten sie in Baumhöhlen oder ausgehölten Baumstümpfen.

Sicher ist Dir schon aufgefallen, dass bei Entenvögeln im Prachtkleid immer das Männchen deutlich bunter ist als das Weibchen. Der Paradieskasarka bildet dabei jedoch eine Ausnahme. Im Prachtkleid ist zwar auch hier das Männchen sehr hübsch gefärbt, aber das Weibchen ist ebenfalls wirklich auffällig: Es zeigt im Prachtkleid ein leuchtendes Weiß von Kopf und Hals, die Seiten sind prächtig dunkelrötlich, der Rücken ist dunkelgrau.

Weibchen dagegen zeigen im Prachtkleid ein strahlendes Weiß an Kopf und Hals

Das Männchen des Paradieskasarka ist eher düster gefärbt

Der abwechslungsreiche Speisezettel

Wie Du schon gelesen hast, sind Stockenten Allesfresser, also überhaupt nicht wählerisch, was die Nahrung betrifft. Neben ihrer natürlichen pflanzlichen und tierischen Nahrung lassen sie sich auch gern mit Brotstückchen oder Wurstresten füttern, denn dann sparen sie sich die anstrengende Nahrungssuche. Doch das Füttern von Stockenten ist problematisch – mehr dazu erfährst Du auf Seite 21.

Stockenten können zwar auch tauchend oder an Land nach Futter suchen, doch nicht selten finden sie ihre Nahrung durch Gründeln. Sie stecken dazu Kopf, Hals und Vorderkörper unter Wasser und suchen den Grund mit dem Schnabel nach Fressbarem ab. Daher zählen Ornithologen, also

Beim Gründeln finden Entenvögel allerlei Nahrhaftes unter Wasser

Auf Fisch als Nahrung spezialisiert sind die Säger

Vogelkundler, diese Wasservögel zu den Gründelenten. Weitere Gründelenten sind beispielsweise die Schnatterenten, die Spießenten und die Krickenten. Auch die Löffelenten gehören zu den Gründelenten. Sie haben einen großen, löffelförmigen Schnabel, mit dem sie auf eine ganz besondere Art und Weise an ihre Nahrung gelangen können. Das konnte ich auf einem Hamburger See gut beobachten:

Mit vorgestrecktem Hals schwammen drei Löffelenten im flachen Wasser dicht hintereinander, mal im Kreis, mal in Schlangenlinie. Dadurch wirbelten sie den schlammigen Boden auf, sodass kleine Nahrungsteilchen wie Insektenlarven, Fischlaich oder Samenkörner nach oben stiegen. Dort durchschnatterten die Löffelenten mit ihrem großen, löffelförmigen Schnabel die Wasseroberfläche. Der Schnabel ist hervorragend für die Aufnahme der speziellen Löffelenten-Nahrung geeignet, denn er besitzt an seinen Seiten feine, kammartige Lamellen. Wenn die Löffelenten das aufgenommene Wasser mit ihrer Zunge bei geschlossenem Schnabel durch die dicht an dicht stehenden Lamellen nach außen pressen, wirken diese wie ein Sieb und filtern die Nahrungsteilchen heraus. Neben den Gründelenten gibt es auch verschiedene Entenarten, die tauchen, oft bis zum Gewässergrund, um etwas zu fressen zu finden. Diese Tauchenten können im Gegensatz zu den Gründelenten auch im tieferen Wasser nach Nahrung suchen. Zu den Tauchenten gehören beispielsweise die Reiherente, die Tafelente und die Kolbenente.

Mit ihrem verbreiterten Schnabel kann die Löffelente besonders gut gründeln

Im Wasser lebende Insekten wie hier Stechmückenlarven zählen zur Beute vieler Entenvögel

Wie bei vielen Gründelenten spielen auch bei den Tauchenten Pflanzen eine wichtige Rolle in der Ernährung. Eine Ausnahme ist die Reiherente. Sie hat sich auf tierische Nahrung spezialisiert. Auf ihrem Speisezettel stehen Muscheln, Schnecken und Wasserinsekten. Um an ihre Beute zu gelangen, kann die Reiherente bis zu vier Meter tief tauchen.

Bei den Eiderenten steht ebenfalls hauptsächlich tierische Nahrung auf dem Speisezettel. Sie verbringen einen großen Teil ihres Lebens auf dem Meer und tauchen dort nach Muscheln, Krebsen und Fischen.

Ganz besondere Entenvögel sind die Säger, etwa der Gänsesäger oder der Zwergsäger. Sie halten sich meist auf Flüssen und Seen auf und haben sich auf Fischnahrung spezialisiert. Ihre schlüpfrige Beute können die Säger mit ihrem schlanken Hakenschnabel, der an seinen Rändern wie eine Säge gezahnt ist, gut festhalten.

Der Höckerschwan findet seine Nahrung durch Gründeln, aber auch an Land. Beim Gründeln erreicht er mit seinem langen Hals auch den Grund tieferer Gewässer, wo er mit seinem großen Schnabel Wasserpflanzen abzupft. An Land ernährt sich der Höckerschwan von Gräsern und verschiedenen Uferpflanzen.

Die Graugans sucht ihre Nahrung hauptsächlich an Land. Sie besteht aus Stängeln, Blättern, Samen und Früchten unterschiedlicher Pflanzen. Junge Graugänse brauchen allerdings wie alle Vögel auch tierische Nahrung. Sie enthält viel Eiweiß, das wichtig für ihr Wachstum ist. Daher gehen die Jungvögel häufig ins Wasser, um dort nach Schnecken, kleinen Krebsen und Wasserinsekten zu suchen.

Steine schlucken

Entenvögel nehmen täglich bis zu zehn Prozent ihres Körpergewichts an Nahrung auf. Bei den Schwänen und Gänsen besteht diese zum großen Teil aus Pflanzen. Da Pflanzen nicht ganz leicht zu verdauen sind, verschlucken diese Vögel immer wieder kleine Steinchen. Diese wirken in ihrem Muskelmagen wie Malsteine: Sie zerkleinern die aufgenommenen Pflanzen, sodass sie besser zu verdauen sind.

Eiderenten tauchen im Meer nach tierischer Beute

Schwäne, Gänse und Enten solltest Du besser nicht füttern!

Füttern verboten!

In manchen Städten ist das Füttern von Stockenten und anderen Wasservögeln aus gutem Grund verboten. Wenn nämlich zu viele Menschen Brotstückchen oder andere Nahrungsreste in den Teich oder See werfen, hat das gravierende Folgen für die Tierwelt dieser Gewässer. Zum einen bekommt das meist salzhaltige Futter den Wasservögeln überhaupt nicht. Zum anderen sinken viele nicht gefressene Nahrungsgaben und reichlich Kot auf den Grund. Dort werden sie von Bakterien zersetzt, die dazu viel Sauerstoff brauchen. Der fehlt dann den Fischen, Libellenlarven, Schnecken und anderen Wasserbewohnern zum Atmen. Als Folge davon gehen die armen Tiere elend zugrunde.

Auch wenn die Stockenten regelrecht betteln – beobachte sie nur, statt sie zu füttern

Wenn zu viel Kot von Vögeln ins Wasser gelangt, kann dies letztlich zum Tod der Bewohner führen

Eine Kaisergans verteidigt energisch die Eier in ihrem Nest

Familienleben: fürsorgliche Eltern, süße Küken

Schwäne, Gänse und Enten sind lebenslang oder zumindest für eine Brutsaison monogam. Das bedeutet, dass Männchen und Weibchen einander über längere Zeit treu bleiben. Enten bleiben nur für eine Brutsaison zusammen und suchen sich im nächsten Jahr neue Partner. Schwäne und Gänse sind das ganze Leben lang ein Paar.

Bei den meisten Entenvögeln ist der Nestbau Sache des Weibchens. Anders ist das bei Schwänen: Hier hilft auch das Männchen mit. Das Nest der Entenvögel ist oft nur eine Vertiefung im Boden, die mit Pflanzen ausgelegt und häufig mit weichen Daunenfedern gepolstert wird, die sich das Weibchen zuvor ausgerupft hat. Schwäne bauen allerdings ein recht umfangreiches Nest aus Zweigen, Gräsern und Wasserpflanzen, das sich meist gut getarnt am Ufer von Flüssen, Seen und Teichen befindet.

Küken von Entenvögeln wirken auf uns Menschen einfach putzig

Enten legen bis zu dreizehn Eier, die sie in drei bis vier Wochen ausbrüten. Gelege von Gänsen und Schwänen umfassen nur drei bis acht Eier. Sie brauchen zum Brüten bis zu fünf Wochen. Besonders kurz ist die Brutdauer bei Gänsen in der Arktis. Wegen der extremen Wetterverhältnisse dort können sie es sich einfach nicht leisten, für eine längere Zeit auf den Eiern zu sitzen.

Die Küken der Entenvögel sind Nestflüchter. Das bedeutet: Sind sie geschlüpft, tragen sie schon ihr erstes Federkleid und können gleich laufen und schwimmen. Allerdings begleiten die Altvögel ihre Kleinen noch, bis sie wirklich selbstständig sind. Während dieser Zeit zeigen sie ihnen die besten Futterquellen und beschützen sie vor Feinden. Bei den Enten übernimmt die Mutter diese Aufgabe, bei den Gänsen und Schwäne beide Elternteile. Die Abhängigkeit von den Eltern kann recht lange dauern. So fliegen junge Graugänse im Herbst zusammen mit ihren Eltern in das Winterquartier und bleiben auch dort noch weiter zusammen.

Die Schar der jungen Schnatterenten bleibt immer dicht bei ihrer Mutter

Die Jungen mancher Entenvögel dürfen auf dem Rücken der Eltern mitreiten, wie hier beim Höckerschwan

Jetzt wollen wir uns einmal das Familienleben des Höckerschwans, der Graugans und der Stockente ein wenig genauer ansehen. Beim Höckerschwan beginnt die Brutzeit im März. Beide Partner beteiligen sich am Bau des Nests. Dabei gibt es eine Arbeitsteilung: Das Männchen schafft das Nistmaterial heran und das Weibchen verbaut es. Das große Nest kann einen Durchmesser von mehr als einem Meter haben. Nach etwa zehn Tagen ist der Nestbau abgeschlossen und das Weibchen legt fünf bis acht gelbbraune Eier, die es etwa fünf Wochen lang bebrütet. Während dieser Zeit verteidigt das Männchen aggressiv das Brutrevier. Auch neugierige Menschen vertreibt es mit lautem Fauchen.

Sind die silbergrauen Küken geschlüpft, kannst Du sie nicht selten auf dem Rücken ihrer Mama sehen. Dort sind sie gut vor Hechten, Bisamratten und anderen Feinden geschützt. Immer wieder füttern die Eltern ihre Jungen mit Unterwasserpflanzen, die diese nicht selbst erreichen. Bis die kleinen Höckerschwäne fliegen können, brauchen sie noch vier bis fünf Monate.

Links siehst Du Eier im Nest der Graugans, rechts Jungtiere mit ihren Eltern

Die Graugans beginnt im März oder April mit ihrem Brutgeschäft. Das vom Weibchen gebaute Nest, eine mit Daunenfedern ausgepolsterte Bodenmulde, befindet sich am Ufer eines Flusses oder auch gut geschützt auf einer Insel im See. Nachdem das Weibchen die vier bis acht weißen oder gelblichen Eier gelegt hat, beginnt es mit dem Brüten. Nach etwa vier Wochen schlüpfen die Küken. Während der Brutzeit hält das Männchen Wache und sorgt so dafür, dass das brütende Weibchen unbehelligt bleibt. Beide Eltern kümmern sich um die Jungen. Manchmal richten sich Graugänse sogar eine Art Kindergarten ein. Dort übernehmen dann gleich mehrere Paare die Betreuung des gemeinsamen Nachwuchses.

Das Nest des Höckerschwans kann einen Durchmesser von über einem Meter aufweisen

Sprung ins Leben

Zwar sind die meisten Entenvögel Bodenbrüter, doch es gibt auch Arten, die sich für ihr Nest einen ungewöhnlichen Platz gewählt haben. Die Schellente beispielsweise ist ein Höhlenbrüter. Neben Baumhöhlen nimmt sie auch gern Nistkästen an.
Die aus den Eiern geschlüpften Küken haben es manchmal gar nicht so leicht, ihr Nest zu verlassen. Befindet es sich beispielsweise in sechs oder acht Metern Höhe, können die Kleinen nur mit einem gewagten Sprung auf den Boden gelangen. Dabei spreizen sie ihre Flügelstummel und nutzen sie als Fallschirm, der den Sturz ein wenig bremst.

Die Stockente verpaart sich jedes Jahr neu. Schon im Herbst beginnen die Männchen, Erpel genannt, mit ihrer Gruppenbalz, die sie bis zum Frühjahr des nächsten Jahres fortsetzen. Vielleicht hast Du das ja schon einmal beobachtet. Dabei zeigen männliche Stockenten ganz bestimmte Verhaltensweisen. Oft zu hören ist der sogenannte „Grunzpfiff“. Dabei schütteln die Erpel zuerst ihren Kopf und tauchen dann den Schnabel in das Wasser. Anschließend recken sie ihren Vorderkörper steil nach oben, wobei Kopf und Schnabel nach unten gerichtet bleiben. Jetzt ertönt ein kurzer, scharfer Pfiff, dem noch ein tieferer Grunzton folgt. Dieses Balzverhalten läuft in weniger als einer Sekunde ab.

Das Brutgeschäft ist bei der Stockente allein Sache des Weibchens. Es baut das Nest, eine flache, mit Halmen ausgelegte Mulde, und begleitet später seinen Nachwuchs noch einige Zeit. Die Jungen kannst Du von April bis Juni auf den Gewässern beobachten.

Diese Haltung der Stockentenbalz wird von einem Pfiff und einem Grunzton begleitet

Ein Stockentenerpel zeigt sich in ganzer Pracht, um ein Weibchen zu beeindrucken

Bei Stockenten kümmert sich nur die Mutter um den Nachwuchs

Typisch Bauernhof: eine muntere Gänseschar

Laufenten wurden aus der Stockente gezüchtet. Sie sollen viele Eier legen und Schnecken vertilgen.

Schwäne, Gänse, Enten – und der Mensch

Wenn bei Euch zu Weihnachten Gänsebraten auf dem Tisch steht, kommt er von der Hausgans. Gibt es Ente zum Fest, dann war es eine Hausente. Hausgans und Hausente stammen von Vögeln ab, die es auch heute noch gibt. Vorfahre der Hausgans ist die Graugans, Vorfahre der Hausente die Stockente. Beide Entenvögel hat der Mensch im Lauf vieler Jahrhunderte zu Haustieren gemacht, um sie für sich zu nutzen. Wissenschaftlich ausgedrückt: Er hat sie domestiziert.

Schon die alten Germanen haben die Graugans wegen ihres Fleisches und ihrer Federn zur Hausgans weitergezüchtet. Im Gegensatz zur wildlebenden Graugans kann die Hausgans meist nicht mehr fliegen und wiegt auch viel mehr. Sie ist völlig vom Menschen abhängig. Auch die Stockente wurde vor allem wegen ihres Fleisches und ihrer Federn zur Hausente domestiziert. Heute gibt es mehrere Rassen. So lebt bei uns die sogenannte Landente. Sie ist meist weiß und hat noch viel Ähnlichkeit mit der Stockente. Ganz anders sieht die Indische Laufente aus. Sie hat einen langen, schlan-

Aus der Stockente wurde die Hausente gezüchtet

Die wildlebende Graugans ...

... im Vergleich zur aus ihr gezüchteten Hausgans

Keine Angst!

Das Leben in Siedlungen hat auch Einfluss auf die Graugans und die Stockente. Ein Zeichen der Verstädterung bei der Graugans ist wie beim Höckerschwan, dass sie weniger Furcht vor dem Menschen hat. Sie lässt uns ganz dicht heran und frisst sogar aus der Hand.

ken Körper mit steil nach oben gerichtetem Hals. Die Laufente ist bei Gartenbesitzern beliebt, weil sie die schädlichen Nacktschnecken wegfrisst.

Die Hausente und noch mehr die Hausgans sind als Fleischlieferanten geschätzt. Eine besondere Delikatesse ist für manche Menschen die Gänseleberpastete. Leider müssen die Gänse sehr leiden, bevor sie geschlachtet werden, damit ihre stark vergrößerte Leber zur Pastete weiterverarbeitet werden kann. Den armen Vögeln wird so lange Nahrung in den Schnabel gestopft, bis sich ihre Leber um das Zehnfache vergrößert hat. Glücklicherweise ist das Stopfen von Gänsen bei uns mittlerweile verboten.

Die Hausgans liefert auch Daunen und Federn für Kissen, Bettdecken und Jacken. Meist stammen sie von geschlachteten Tieren. Doch leider werden auch heute noch Gänse bei lebendigem Leib gerupft. Wenn sie nicht gerade in der Mauser sind, also ihr altes Gefieder abstoßen, ist das für die Tiere besonders schmerzhaft und sollte deshalb verboten werden. Früher wurden Gänsefedern auch gern zum Schreiben und Zeichnen genutzt.

Während die Graugans und die Stockente so weitergezüchtet wurden, dass sie viele ihrer ursprünglichen Eigenschaften verloren haben, ist der Höckerschwan zum großen Teil ein Wildvogel geblieben. Er hat sich aber doch in manchen Verhaltensweisen an das Leben mit dem Menschen angepasst.

Die Höckergans wurde aus der asiatischen Schwanengans gezüchtet

So ist beispielsweise die Fluchtdistanz eines auf dem Parkteich schwimmenden Vogels geringer als die eines wildlebenden Höckerschwans. Er ist also weniger scheu und lässt uns näher an sich heran. Das liegt auch daran, dass der in unserer Nachbarschaft lebende Höckerschwan häufig gefüttert wird und meist keinen Jäger fürchten muss.

Auch die in der Stadt lebende Stockente hat sich an diesen besonderen Lebensraum angepasst. Wo es was zu fressen gibt, ist der nicht wählerische Vogel zur Stelle. Auf manchen Teichen und Seen schwimmen dann so viele Stockenten, dass einige keinen geeigneten Nistplatz am Ufer mehr finden. Sie suchen sich dann nicht selten ganz ungewöhnliche Stellen, um ihr Nest zu bauen, etwa auf dem Balkon oder gar auf dem Flachdach eines Hochhauses. Die Verstädterung der Stockente zeigt sich auch darin, dass sie das ganze Jahr über ganztägig auf den Stadtgewässern bleibt, um sich füttern zu lassen. In der freien Natur geht die Stockente eher in der Dämmerung oder nachts auf Nahrungssuche.

Gänsevögel sind ein beliebtes Forschungsobjekt. Berühmt wurde der „Gänsevater" Konrad Lorenz. Dieser österreichische Mediziner und Zoologe lebte von 1903 bis 1989 und war Mitbegründer der vergleichenden Verhaltensforschung. Sein bevorzugtes Untersuchungsobjekt war die Graugans.

Hausgänse sind sehr aufmerksam und dienen somit oft auch als Wächter

Werden Gänse von Hand aufgezogen, folgen sie „ihrem" Menschen sogar, wenn sich dieser mit dem Ultraleichtflugzeug in die Luft erhebt

Gern erzählte Lorenz seinen Studenten die Geschichte von der Graugans Martina: Nachdem sie aus dem Ei geschlüpft war, konnte der neugierige Forscher nicht widerstehen, Martina unter der noch brütenden Gänsemama hervorzuholen und zu betrachten. Zuerst gab das verschreckte Gänseküken das einsilbige Pfeifen des Verlassenseins von sich. Doch es gelang Lorenz, Martina zu beruhigen, woraufhin sie mit einem freudigen „Wiwiwiwi" antwortete. Schließlich wollte der Verhaltensforscher das Küken wieder unter die wärmenden und schützenden Federn der Gänsemama zurücksetzen. Doch Martina kam sofort wieder hervor und lief mit emporgerecktem Hals und neuerlichem „Wiwiwiwi" auf Lorenz zu. Wo der Verhaltensforscher nun auch hinging, Martina folgte ihm auf Schritt und Tritt. Sie schlief sogar bei ihm und kam auch zum Schwimmen mit. Der „Gänsevater" hatte das Gänseküken auf sich geprägt.

Konrad Lorenz beschrieb die von ihm entdeckte Prägung folgendermaßen: „Wenn Sie eine junge Gans in Obhut des Menschen aus dem Ei schlüpfen lassen, sodass der Mensch das erste Lebewesen ist, das ihr begegnet, dann fixiert die junge Gans in nicht mehr rückgängig zu machender Weise ihre kindliche Anhänglichkeit an den Menschen, dem sie als Erstes begegnet ist, und folgt ihm während ihrer ganzen Jugend so getreu nach, wie sie normalerweise den Eltern nachfolgen würde."

Dass ein Biss einer Gans schmerzhaft sein kann, vermagst Du Dir angesichts dieses Schnabels sicher vorzustellen

Gefahren für Entenvögel

Müll und Gifte in der Umwelt sind große Gefahren für Entenvögel

Die Bestände der bei uns lebenden Schwäne, Gänse und Enten sind insgesamt ziemlich stabil. Doch es gibt immer wieder Gefahren, die den Entenvögeln drohen. So sind Teiche, Seen und Flüsse nicht selten durch giftige Abwässer belastet. Das führt dann häufig zu einer starken Vermehrung von Algen. Sterben die schließlich ab, werden sie von Bakterien zersetzt, die dazu viel Sauerstoff benötigen. Der fehlt dann den Fischen und anderen Wassertieren zum Atmen. Der Mangel an Sauerstoff im Wasser kann auch den Stockenten und Höckerschwänen zum Verhängnis werden. Besonders in warmen Sommern ruft er sogenannte anaerobe Bakterien auf den Plan. Die brauchen keinen Sauerstoff zum Leben und können bei den Entenvögeln eine tödliche Krankheit hervorrufen, den Botulismus.

Der Erreger von Botulismus heißt *Clostridium botulinum*. Dieses Bakterium stellt ein äußerst starkes Nervengift her, das beim Höckerschwan und anderen Entenvögeln Muskel- und Atemlähmung verursacht. Sind der Bodenschlamm und das Wasser sehr stark mit diesem Gift verseucht, kann das dazu führen, dass viele Entenvögel qualvoll sterben müssen.

Entenvögel sind noch vielen weiteren Gefahren ausgesetzt. Achtlos ins Wasser geworfener Zivilisationsmüll kann für Schwäne, Gänse und Enten böse Folgen haben. Geraten den Vögeln Plastikringe von Motorenöl-Dosen oder Plastikhalterungen von Getränkedosen-Sixpacks um den Hals, können sie sich oftmals nicht selbst davon befreien. Nicht selten müssen sie dann elend verhungern, weil ihnen die Speiseröhre zugeschnürt ist.

Hier ist eine Gans in einem Plastikring stecken geblieben

Wenn Gewässer so aussehen, werden hier lebende Entenvögel früher oder später Schaden nehmen und vielleicht sogar sterben

Auch Angler können den Entenvögeln schaden. Gründelnde Stockenten oder Höckerschwäne schnappen schon einmal nach einem Köder und haben dann den Haken im Hals. Einem Angler kann es auch passieren, dass seine Schnur sich verheddert und er sie abschneiden muss. Zwar hat er für die Angelprüfung gelernt, dass er sie nicht einfach liegen lassen oder ins Wasser werfen darf, weil sie zu einer tödlichen Falle werden kann. Doch auch unter Anglern gibt es leider immer wieder schwarze Schafe.

Willst Du Genaueres über das Leben und die Gefahren wissen, die dem Höckerschwan und der Graugans in meiner Heimatstadt Hamburg drohen, schau doch einmal im Internet unter den folgenden beiden Adressen nach: www.alsterschwaene.de und www.gans-hamburg.info. Dort erfährst Du zum Beispiel von einem Höckerschwan, der in der dicht bebauten Hansestadt an ein Bauwerk geflogen ist und dabei sein Leben verloren hat. Oder von einer Grauganshfamilie, deren Küken von den Paddeln eines unaufmerksamen Bootsfahrers erschlagen wurden.

Zurückgebliebene Angelhaken und Angelschnüre können zur tödlichen Gefahr werden

Gefährliches Leben in der Stadt

Besonders gefährlich für Entenvögel ist ein Leben in der Stadt. Dort kommt es immer wieder vor, dass sie von nicht angeleinten Hunden gebissen werden. Oder sie müssen ihre Nester aufgeben, weil sie von herumlaufenden oder schwimmenden Hunden und Katzen angegriffen werden. Auch hungrige Wildtiere, die in der Stadt leben, wie Fuchs, Waschbär oder Marderhund, bedrohen die Entenvögel.

Hunde müssen in Lebensräumen von Wildtieren an der Leine bleiben

Eine große Gefahr für Entenvögel ist natürlich die Jagd. Früher wurden sie vor allem wegen ihres Fleisches getötet. Heute werden sie leider oft nur um des Jagens willen umgebracht. Aber auch andere Gründe spielen eine Rolle. So versuchen Landwirte immer wieder, rastende und fressende Graugänse mit Schusswaffen von ihren Äckern und Feldern zu vertreiben. Das ist allerdings sinnlos, denn schnell besetzen neue Graugänse die frei gewordenen Flächen.

Manchmal machen sich Menschen sogar einen „Spaß" daraus, auf wehrlose Entenvögel zu schießen, wie ein Fall aus Hamburg zeigt. Dort tötete ein Kanufahrer einen Höckerschwan mit einem Luftgewehr. Als es noch keine Schusswaffen gab, rückte man den Entenvögeln mit anderen Methoden zu Leibe. Ein Beispiel ist die Vogelkoje.

Jagd ist nach wie vor eine Bedrohung für Entenvögel

Fang mit der Vogelkoje

Mit der Vogelkoje, auch Entenkoje genannt, fingen die Jäger früherer Zeiten Stockenten und andere Entenarten: Mithilfe von Lockenten veranlassten sie die Vögel, in aufgestellte Reusen hineinzuschwimmen. Manchmal wurden sogar Hunde eingesetzt, die die Enten in die Fallen trieben. Diese Fangmethode war sehr erfolgreich. So gingen auf der Nordseeinsel Föhr zwischen den Jahren 1730 und 1983 über drei Millionen Enten in die Falle. Das sind im Durchschnitt 33 Vögel pro Tag.

Gift, Jagd und Zerstörung ihrer Lebensräume hatten die Rothalsgans fast ausgerottet. Zum Glück steht sie inzwischen unter Artenschutz.

Besonders die im hohen Norden und im Osten brütenden Entenvögel machen sich im Herbst auf eine weite Reise, um auch in der kalten Jahreszeit genügend Nahrung zu finden. Dabei sind sie vielen Gefahren ausgesetzt. Und die lauern nicht nur auf dem Zugweg, sondern auch im Winterquartier. Nehmen wir als Beispiel die Nonnengänse. Nicht selten verlieren sie wertvolle Rastplätze, weil wir Menschen Feuchtgebiete trockenlegen. Da die Vögel dort dann nichts mehr zu fressen finden, müssen sie „mit knurrendem Magen“ weiterfliegen. Entdecken die erschöpften Nonnengänse dann endlich eine feuchte Wiese zum Rasten, geraten sie vielleicht wieder unter Stress, weil dort Windkraftanlagen stehen. Auch hier können die armen Vögel nicht in Ruhe ihren Hunger stillen. Außerdem besteht die Gefahr, im Flug von den riesigen Rotorblättern der Windräder verletzt oder gar getötet zu werden. Haben die Nonnengänse schließlich ihr Winterquartier erreicht, gibt es weiter Stress. Wie auf dem Zugweg müssen sie sich auch hier vor Jägern fürchten, aber auch vor Störungen durch neugierige Menschen oder frei laufende Hunde.

Weltweit gesehen wurden seit dem Jahr 1600 bereits fünf Arten der Entenvögel völlig ausgerottet, vor allem auf Inseln. Weitere Arten sind von diesem Schicksal bedroht, besonders aufgrund der Zerstörung ihrer Lebensräume.

Die Rotoren von Windkraftanlagen können fliegende Entenvögel erschlagen

Entenvögel wie diese Kanadagänse zu beobachten, bereitet sehr viel Freude!

Spezielle Beobachtungshütten bieten einen guten Blick auf Lebensräume, in denen Entenvögel vorkommen

Beobachtungstipps

Auf dem Teich gründelt ein Stockentenpaar, zwei Höckerschwäne landen klatschend auf dem Wasser und eine Graugansfamilie watschelt im Gänsemarsch über die Wiese. Diese drei Arten von Entenvögeln kannst Du das ganze Jahr über gut beobachten, denn sie sind recht häufig. Willst Du aber einmal eine Kolbenente oder einen Gänsesäger sehen, brauchst Du schon ein bisschen Glück, da sie seltener sind. Zugvögel wie die Schellente und die Blässgans kannst Du nur im Winterhalbjahr sehen.

Denke bei Deinen Beobachtungen immer daran, die Entenvögel nicht zu stören. Das kann sonst auch für Dich ganz schön unangenehm werden. Näherst Du Dich beispielsweise unvorsichtig dem Nest eines brütenden Höckerschwans, faucht er Dich an oder schnappt sogar zu.

Schreib Dir Merkmale auf!

Neben einem handlichen Fernglas und einem Bestimmungsbuch, das in Deine Tasche passt, leistet auch ein kleines Notizheft gute Dienste bei der Beobachtung. Darin vermerkst Du stichwortartig möglichst genau, was Du siehst und hörst. So vergisst Du bei Deiner späteren Bestimmung keine wichtigen Einzelheiten.

Nicht immer kannst Du einen Entenvogel leicht beobachten. Fliegt er beispielsweise in größerer Höhe über Dich hinweg oder schwimmt er ganz hinten auf einem See, hilft Dir ein Fernglas.

Wenn Du den Namen des Entenvogels nicht kennst, den Du gerade beobachtest, merke Dir möglichst viele Einzelheiten wie etwa Größe, Färbung und sein Verhalten. Schau dann in ein Bestimmungsbuch oder entsprechende Seiten beziehungsweise Apps im Internet. Dort sind die verschiedenen Entenvögel abgebildet und genau beschrieben. Hast Du Rufe gehört, können Dir Vogelstimmen-CDs, -DVDs oder -Apps helfen, den unbekannten Entenvogel zu identifizieren.

Du hast zu jeder Jahreszeit die Möglichkeit, spannende Beobachtungen von Entenvögeln zu machen. So kannst Du beispielsweise im Früh-

Ein Fernglas hilft beim Beobachten

Mit einem Fernglas kannst Du auch weiter entfernte Entenvögel beobachten. Es sollte nicht zu schwer sein, denn Du musst es ja bei Dir tragen. Gut zur Vogelbeobachtung geeignet ist ein Glas mit acht- bis zehnfacher Vergrößerung. Damit siehst Du auch Einzelheiten, wie etwa die schwarzen Querbänder auf dem Bauch einer fliegenden Blässgans oder den dunklen Schnabelhöcker eines schwimmenden Höckerschwans. Schau nie mit dem Fernglas direkt in die Sonne, denn das ist sehr gefährlich für Deine Augen!

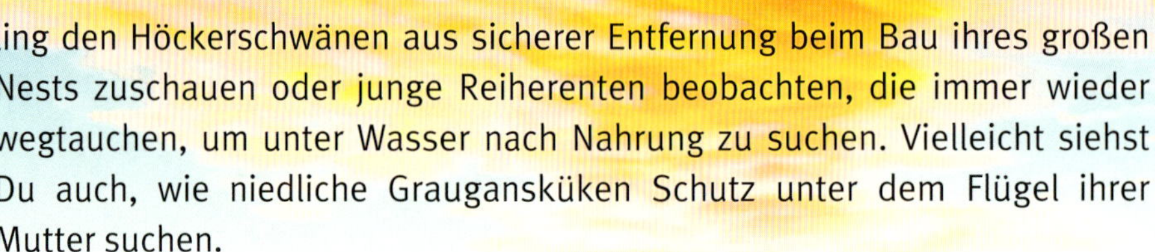

ling den Höckerschwänen aus sicherer Entfernung beim Bau ihres großen Nests zuschauen oder junge Reiherenten beobachten, die immer wieder wegtauchen, um unter Wasser nach Nahrung zu suchen. Vielleicht siehst Du auch, wie niedliche Graugansküken Schutz unter dem Flügel ihrer Mutter suchen.

Im Sommer bemerkst Du sicher, dass die Stockenten nun ganz anders aussehen als im Frühling. Sie haben sich gemausert, also einen Teil ihrer Federn ausgewechselt, weil sie abgenutzt waren. Besonders auffällig ist die Mauser beim Erpel, also dem Männchen: Sie verwandelt sein buntes Prachtkleid in ein unauffälliges Schlichtkleid. Dann sieht der Erpel so ähnlich aus wie ein Weibchen. Doch Du kannst ihn immer noch an seinem gelben Schnabel erkennen. Sei während der Mauser besonders vorsichtig mit Deinen Beobachtungen. Dann sind die Stockenten geschwächt und können auch für eine gewisse Zeit nicht fliegen.

Mit viel Glück schwimmt Dir auch mal ein Gänsesäger mit seiner großen Schar Jungen über den Weg

Im Herbst trägt der Stockenten-Erpel wieder ein neues Prachtkleid, hat sich also zum zweiten Mal gemausert. Er trifft sich dann mit anderen Erpeln auf dem Teich, und Du wirst Zeuge der herbstlichen Gemeinschaftsbalz. Der Herbst ist auch die Zeit des Vogelzugs. Dann kannst Du Trupps von fliegenden Wildgänsen beobachten, die aus dem hohen Norden kommend in ihre Überwinterungsgebiete wandern. Achte einmal auf ihre Flugrufe. Sie unterscheiden sich bei den einzelnen Arten. So haben Blässgänse hohe, zweisilbige

Bei vogelkundlichen Wanderungen lernst Du, wie Du Entenvögel bestimmen kannst

Flugrufe. Bei den Nonnengänsen erinnern sie an das Bellen von Hunden. Die Flugrufe ziehender Graugänse hören sich ähnlich an wie die nasal schnatternden Stimmen unserer Hausgänse.

Im Herbst und im Winter kannst Du gut Entenvögel beobachten, die auf Wiesen und Feldern rasten und fressen, wie Höckerschwäne, Singschwäne und verschiedene Wildgansarten. Auch auf manchen Gewässern versammeln sich in der kalten Jahreszeit viele Entenvögel. So überwintern auf dem Bodensee Reiherenten, Tafelenten, Stockenten, Kolbenenten, Schnatterenten, aber auch Singschwäne und Gänsesäger. In Küstennähe von Nord- und Ostsee lassen sich im Winter auch Meeresenten beobachten, die im Wasser nach Muscheln und anderer Nahrung tauchen. Im Frühling fliegen sie dann wieder in ihre Brutgebiete zurück. So brütet beispielsweise die Eis-Ente in Sibirien und verbringt den Winter auf der Ostsee.

Hast Du erkannt, dass es sich hier um eine Schnatterente handelt?

Das richtige Bestimmen von Entenvögeln ist nicht immer ganz einfach und erfordert einige Übung. So sehen sich beispielsweise Saatgans und Graugans aus der Entfernung recht ähnlich. Um Deine Kenntnisse zu erweitern, lohnt es sich, an vogelkundlichen Wanderungen teilzunehmen, die der Naturschutzbund Deutschland (NABU) und andere Organisationen regelmäßig anbieten. Die erfahrenen Ornithologen können Dir dann sicher bei der Bestimmung helfen und noch weitere hilfreiche Tipps für Deine zukünftigen Beobachtungen liefern.

Heimische Entenvögel im Porträt

Über den Höckerschwan, die Graugans und die Stockente weißt Du ja schon ganz gut Bescheid. Es gibt aber noch viele andere interessante Entenvögel, die Du bei uns beobachten kannst. Zwölf davon möchten die schlaue Eule Xabi und ich Dir hier etwas näher vorstellen. Die Beschreibung des Aussehens der einzelnen Arten bezieht sich immer auf den ausgewachsenen Vogel. Bei den Enten und dem Säger ist jeweils das Prachtkleid geschildert. Die Arten sind: Singschwan, Brandgans, Kanadagans, Nilgans, Saatgans, Weißwangengans, Kolbenente, Krickente, Pfeifente, Tafelente, Eiderente und Gänsesäger. Woran erkennst Du diese Vögel? Wie leben sie? Wo kannst Du sie beobachten?

Über unsere heimische Stockente hast Du weiter vorn in diesem Buch schon viel erfahren

Singschwan

Der Singschwan ist etwas kleiner als unser Höckerschwan. Auffällig ist sein Schnabel. Die Spitze ist schwarz, der Rest leuchtend gelb. Während der Höckerschwan seinen Hals beim Schwimmen s-förmig gebogen hält, bleibt er beim Singschwan gerade. Die Flügel des Höckerschwans erzeugen laute singende oder wummernde Fluggeräusche. Beim Singschwan verursachen sie – wenn überhaupt – nur ein leichtes Zischen. Doch der Singschwan hieße nicht so, wenn er sich nicht durch seinen auffallenden „Gesang“ bemerkbar machte – mehr dazu erfährst Du unten auf dieser Seite.

Im Gegensatz zum Höckerschwan verbringt der Singschwan – von einigen wenigen Ausnahmen abgesehen – nur das Winterhalb-

Eine elegante Erscheinung: der Singschwan

jahr bei uns. Er ist nämlich ein Zugvogel, der hoch im Norden von Island über Skandinavien bis nach Sibirien brütet. Dort bevorzugt er flache Waldseen mit vielen Wasser- und Uferpflanzen. Sein Nest baut er gern im Schilfröhricht oder auf Inseln.

Ab Ende Oktober kommen bis zu 20 000 Singschwäne nach Deutschland zum Überwintern. Sie fliegen in keilförmiger Formation oder in schräger Linie. Besonders an den Küsten von Nord- und Ostsee kannst Du sie dann beobachten. Einige Singschwäne fliegen sogar bis in den Voralpenraum und verbringen dort die kalte Jahreszeit. Nahrung finden sie in Seen und Flüssen, aber auch auf Äckern und Wiesen.

Singender Schwan

Der Singschwan ist sehr ruffreudig. Daher hat er ja seinen Namen. Er singt zwar nicht wie eine Amsel oder ein anderer Singvogel, doch er kann verschiedene Laute hören lassen. Wenn er fliegt oder auf dem Wasser schwimmt, kannst Du seine tiefen, posaunenartigen Rufe gut hören, und das selbst noch aus einer Entfernung von mehreren hundert Metern. Sind Singschwäne in größeren Gruppen zusammen, ist ständig ein leises „ang" oder ein kehliges „ga" zu vernehmen.

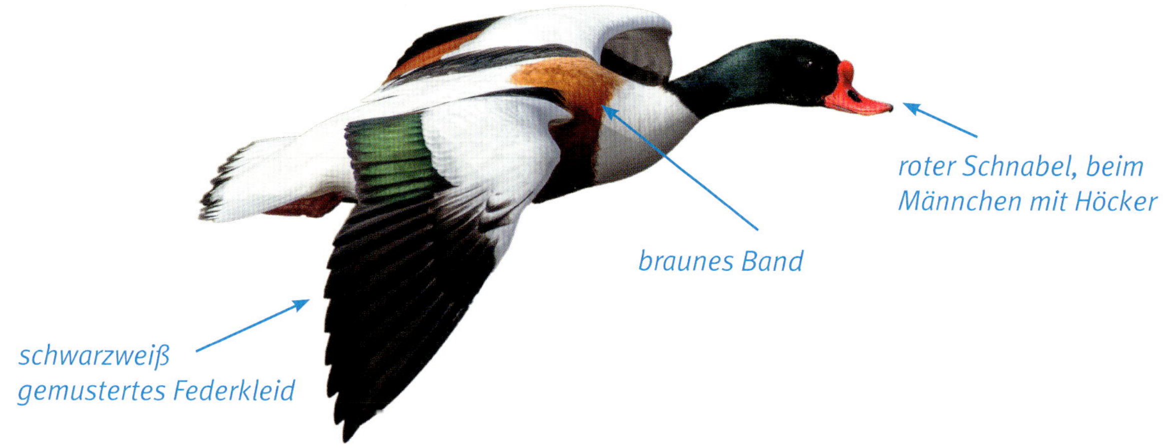

Brandgans

Die Brandgans zählt zu den sogenannten Halbgänsen. Da sie schon fast so klein wie eine Ente ist und auch noch weitere Ähnlichkeiten mit ihr besitzt, wird sie manchmal auch „Brandente" genannt. Du kannst die Brandgans gut an ihrem überwiegend schwarz und weiß gemusterten Federkleid erkennen. Charakteristisch sind auch das braune Band um Brust und Schultern sowie der rote Schnabel. Das Männchen ist etwas größer und schwerer als das Weibchen und besitzt einen auffallenden Schnabelhöcker.

Wenn Entenvögel wie diese Brandgänse streiten, fliegen die Federn ...

Bei uns in Deutschland brütet die Brandgans vor allem in den Küstengebieten und auf den Inseln von Nord- und westlicher Ostsee. Auf der Suche nach geeigneten Bruthöhlen dringt sie aber auch bis ins Binnenland vor, also in Regionen fern der Küsten. So gibt es beispielsweise Brutgebiete am Niederrhein oder in den Rieselfeldern bei Münster.

Ist das Brutgeschäft zu Ende, mausert die Brandgans. Dabei verliert sie sämtliche Flügelfedern und kann deshalb für eine gewisse Zeit nicht flie-

gen. Da die Brandgans dann ziemlich hilflos ist, sucht sie vor der Mauser ganz bestimmte, geschützte Orte auf, sogenannte Mauserzentren: Im August fliegt die Brandgans in Gebiete, wo sie vor Feinden geschützt ist und auch genügend zu fressen findet. Ein besonders wichtiges Mauserzentrum liegt auf dem Großen Knechtsand. Das ist eine Sandbank im niedersächsischen Wattenmeer zwischen den Mündungen von Elbe und Weser. Hier kann die Brandgans in Ruhe nach Muscheln, Schnecken und Würmern suchen, ohne den Fuchs oder andere Feinde fürchten zu müssen. Erreicht die Mauser ihren Höhepunkt, sind auf dem Großen Knechtsand bis zu 100.000 Brandgänse versammelt. Die kommen aber nicht nur aus Deutschland, sondern beispielsweise auch aus Skandinavien und Polen.

Eine Brandgans mit der Schar ihrer Jungen

Ente (links) und Erpel der Brandgans

Hier hat eine Kanadagans ihr Nest in einem zersplitterten Baum gebaut

Kanadagans

Wie es ihr Name schon vermuten lässt, lebte die Kanadagans früher nur in Nordamerika. Dort brütet sie an den Ufern von Flüssen und größeren Seen, baut ihr Nest aber auch gern auf kleineren Inseln. Da ist es besonders gut vor Feinden geschützt.

Die Kanadagans ist etwas größer als die Graugans. Männchen und Weibchen sind ähnlich gefärbt. Besonders auffällig sind ihr langer, schwarzer Hals und der schwarze Kopf mit dem ausgedehnten weißen Kinnband. Schnabel und Beine der Kanadagans sind ebenfalls schwarz gefärbt. Vom schwarzen Hals scharf abgesetzt ist die hellgraue Brust. Der übrige Körper ist bräunlich befiedert, wobei die Unterseite etwas heller ist. Die Kanadagans hat eine laute Stimme. Besonders im Flug lässt sie ihre trompetenden und nasal klingenden Rufe hören.

Auch die Kanadagans verständigt sich unter anderem durch Rufe

Neubürger Kanadagans

Der Mensch brachte die Kanadagans vor über zweihundert Jahren nach Europa. Dort wurde sie gezielt ausgesetzt, um das Vogelleben in den Parks zu bereichern. Aus verwilderten Parkvögeln und Kanadagänsen, die aus Ziervogelhaltungen entkommen konnten, haben sich seit Beginn der 1920er-Jahre in Deutschland mehrere Bestände der Kanadagans entwickelt. Sie breiten sich als Neozoen oder Neubürger immer weiter aus.

Mit weichen Daunen gepolstert ist das Nest der Kanadagans

Da Kanadagänse nicht sehr scheu sind, kannst Du sie gut auf Seen in Parks und Gewässern mit starker Freizeitnutzung beobachten. Bei ihrer Nahrung und ihrem Brutverhalten ähneln Kanadagans und unsere Graugans einander sehr. Die meisten in Deutschland heimisch gewordenen Kanadagänse leben im Nordwestdeutschen Tiefland mit Nordrhein-Westfalen, Bremen und Hamburg. Aber sie brüten auch in anderen Bundesländern wie beispielsweise Schleswig-Holstein, Niedersachsen und Bayern.

Nilgans

Die Nilgans ist etwas kleiner als die Graugans. Männchen und Weibchen sind gleich gefärbt. Charakteristisch sind die langen Beine und der dunkle Augenfleck. Auch auf der Brust ist ein dunkler Fleck zu erkennen. Die Oberseite der Nilgans ist dunkelbraun und die Unterseite eher grau. Besonders wenn sie fliegt, kannst Du gut ihren weißen Vorderflügel sehen. Die beiden Geschlechter der Nilgans rufen unterschiedlich: Die männliche Nilgans macht sich mit heiser zischenden Lauten bemerkbar, während das Weibchen schnell und laut schnattert.

Nilgänse sind besonders farbenfroh

Wie die Kanadagans ist auch die Nilgans ein „Neubürger". Ihr Name verrät es ja schon: Ihre ursprüngliche Heimat ist Afrika. Dort lebt sie aber nicht nur am Nil, sondern auch an verschiedenen Gewässern südlich der riesigen Wüste Sahara.

Im 18. Jahrhundert wurde die Nilgans in Europa als Ziervogel in Parks und Zoos eingeführt. Immer wieder flüchteten einzelne Vögel jedoch. So entstanden neue, in der freien Natur lebende Bestände, zuerst in Großbritannien, dann in den Niederlanden und schließlich auch in Deutschland, Österreich und der Schweiz.

Die Nilgans ist ein sehr erfolgreiches Neozoon. In Deutschland brütet sie mittlerweile in allen Bundesländern. Das führt allerdings manchmal zu Konflikten mit anderen Wasservögeln und auch mit uns Menschen. Besonders wenn die Nilgans Nachwuchs zu versorgen hat, verteidigt sie ihr Brutre-

Ursprünglich stammt die Nilgans aus Afrika

vier heftig. Dann verjagt sie andere Wasservögel oder schnappt sogar zu. Wer sich auf der Parkwiese oder im Freibad zu nah an eine Nilgansfamilie wagt, muss ebenfalls damit rechnen, attackiert zu werden. Schon alleine deshalb solltest Du Dich immer vom Nest und den Jungen dieses Entenvogels fernhalten!

Da die Nilgans durchsetzungsfähig und sehr flexibel in ihrem Verhalten ist, breitet sie sich schnell aus. So legt sie beispielsweise ihre Eier nicht nur in ihr eigenes Nest, sondern nutzt auch verlassene Nester von Greifvögeln, Krähen und manchmal sogar Störchen.

Ganter und Gans unterscheiden sich bei dieser Art nicht voneinander

Saatgänse legen auf ihren Wanderungen weite Strecken zurück

Saatgans

Wenn Du im Herbst eine „Graugans“ auf der Wiese siehst, schau genau hin. Hat sie einen weißen Fleck auf der Stirn, ist es eine Blässgans. Aber vielleicht ist es ja auch eine Saatgans. Sie ist zwar fast genauso groß wie eine Graugans, Kopf, Hals und Flügel der Saatgans sind allerdings dunkler. Während die Füße der Graugans rosafarben sind, hat die Saatgans orangefarbene Füße. Der Schnabel der Graugans ist bis auf die rosa Spitze orange gefärbt. Bei der Saatgans dagegen hat der Schnabel eine schwarze Farbe und besitzt eine schmale, orangefarbene Binde.

Du kannst die Saatgans nur im Winterhalbjahr bei uns beobachten. Wenn Du sie auf einem Acker oder einem Feld entdeckst, hat sie bereits eine lange Reise hinter sich gebracht. Ihre Brutheimat sind die arktischen Regionen Europas und Asiens. Dort lebt sie in einer riesigen Region, in der fast keine Bäume wachsen: der Tundra.

Ihre Nahrung besteht aus Moosen, Flechten, Beeren und Blättern von Sträuchern. Ende September kommen die ersten Saatgänse hier an. Sie fliegen gern in Keilformation, nicht selten zusammen mit Blässgänsen. Saatgänse sind allerdings dunkler und nicht so ruffreudig. Nur ab und zu lassen sie im Fluge ihr nasales „gaga“ hören.

Saatgänse fallen durch die schmale, orange Binde an ihrem Schnabel auf

Von der Saatgans gibt es zwei Unterarten, nämlich die Tundra-Saatgans und die Wald-Saatgans. Die Vögel, die Du in der kalten Jahreszeit als Wintergast bei uns siehst, sind fast immer Tundra-Saatgänse. Eine seltene Wald-Saatgans kannst Du an ihrem längeren Hals erkennen.

Die Saatgans überwintert in vielen Ländern Mitteleuropas, darunter auch die Schweiz und Österreich. In Deutschland gelten die Ostseeküste, die Norddeutsche Tiefebene und der Niederrhein als wichtige Gebiete für die Rast im Winter. Nahrung findet die Saatgans häufig auf abgeernteten Mais- und Zuckerrüben-Äckern. Die Nacht verbringt sie gern auf dem Wasser. Nicht selten muss sie zehn und mehr Kilometer fliegen, um vom Weideplatz zum Schlafgewässer zu gelangen. Im März macht sich die Saatgans dann wieder auf die Rückreise.

Dieses Nest hat eine Saatgans im Wald angelegt

weißer Fleck auf der Stirn

Saatgans

Blässgans

Der schwarzweißen Tracht von Nonnen verdankt die Weißwangengans ihren Namen Nonnengans

Weißwangengans

Die Weißwangengans hat ein weißes Gesicht, das im Kontrast zum Schwarz von Scheitel, Nacken, Hals und Brust steht. Dieser Kontrast zeigt sich auch in der Tracht vieler Ordensschwestern, also von Nonnen. Daher hat die Weißwangengans den zweiten Namen „Nonnengans“ erhalten.

Männchen und Weibchen sind gleich gefärbt. Die Unterseite hat eine silbrig weiße Farbe. Die Oberseite ist grau und besitzt eine schwarzweiße Bänderung. Die ist bei der jungen Weißwangengans weniger ausgeprägt. Ansonsten sieht sie dem erwachsenen Vogel schon sehr ähnlich.

Die Weißwangengans verbringt einen Großteil ihres Lebens an Küsten oder in deren Nähe. Es gibt drei verschiedene Bestände dieser Art. Sie brüten in Grönland, auf Spitzbergen und an der russischen Eismeerküste. Die Nester der in Kolonien brütenden Weißwangengänse befinden sich oft auf Felsinseln oder an Steilhängen. Dort sind ihre Küken gut vor Fress-

Auf ihren Wanderungen sind Weißwangengänse oft in großen Schwärmen unterwegs

Ungebetene Essensgäste

Im Überwinterungsgebiet halten sich die geselligen Weißwangengänse gern auf küstennahen Wiesen und Feldern auf. Dort fressen sie Gras, aber auch Wintergetreide. Das ärgert manchen Landwirt, und er möchte die Vögel am liebsten vertreiben. Doch die Weißwangengänse müssen viel fressen, um im Frühjahr genügend Kraft für ihren sehr anstrengenden Rückflug zu haben.

feinden wie dem Polarfuchs geschützt. Nicht selten ziehen mehrere Familien ihren Nachwuchs gemeinsam auf. Später fliegen sie dann auch zusammen in die Überwinterungsgebiete, wo sie ebenfalls weiterhin engen Kontakt halten. Die bei uns vor allem an der Nordsee überwinternden Weißwangengänse stammen aus Russland.

Ziehende Weißwangengänse bilden oft größere Schwärme. Du kannst sie gut an ihren Kontaktrufen erkennen, die an das Bellen von Hunden erinnern. Sind viele Jungvögel unter den ankommenden Trupps, weist das darauf hin, dass die Lebensbedingungen in den Brutgebieten optimal waren – sonst hätten die Elterntiere nicht so viele Junge aufziehen können. Es gab dann nur selten Schneestürme oder Dauerregen und zu fressen war auch genug vorhanden.

Auch im Flug lässt sich eine männliche Kolbenente recht leicht erkennen

Kolbenente

Die männliche Kolbenente trägt ein unverwechselbares Prachtkleid. Besonders auffällig ist der dicke, orangebraune Kopf mit korallenrotem Schnabel. Der Kopf wirkt durch seine hellere, aufrichtbare Federhaube noch etwas größer. Im Sonnenschein sieht er manchmal so aus, als würde er glühen. Das übrige Federkleid des Männchens ist kontrastreich gefärbt: vorn, hinten und unten schwarz, oben braun und an den Seiten weiß. Das unscheinbar aussehende Weibchen ist bräunlich, wobei der Kopf helle Seiten und einen dunklen Scheitel besitzt.

Das Weibchen und die Jungen sind unauffällig gefärbt

Die Kolbenente gehört zu den Tauchenten. Um an Wasserpflanzen oder Algen zu gelangen, taucht der schwimmende Vogel nach einem kleinen „Kopfsprung" bis zu vier Meter tief hinab. Aber die Kolbenente hält sich auch gern im flacheren Gewässer auf. Dort erreicht sie ihre Nahrung gründelnd von der Wasseroberfläche aus. Da sich die Kolbenente fast ausschließlich vegetarisch ernährt, sagen ihr Seen mit vielen Wasserpflanzen und reicher Ufervegetation besonders zu. Dort baut sie gut versteckt ihr Nest.

Die meisten Kolbenenten leben im mittleren Asien in großen, zusammenhängenden Brutregionen. Bei uns brütet die Kolbenente erst seit etwa hundert Jahren in weiträumig verteilten Gebieten. Beispiele sind der Bodensee und einige Gewässer in Schleswig-Holstein und Mecklenburg-Vorpommern. Auch in Österreich und in der Schweiz gibt es kleinere Vorkommen.

Ein Geschenk für die Braut

Im Frühjahr taucht oder gründelt der Erpel auch während der Balz nach Nahrung – aber nicht nur, um sie selbst zu fressen, sondern als Brautgeschenk für sein Weibchen. Er überreicht der Auserwählten also Nahrung. Das nennt der Biologe „Balzfüttern". Bei Enten kommt dieses Verhalten nur sehr selten vor.

Krickente

Stockente

Senkrechtstarter

Wenn die Krickente fliegen will, startet sie fast senkrecht von der Wasseroberfläche. Mit ihren schmalen und spitzen Flügeln saust sie durch die Luft, meist mit Artgenossen gemeinsam. Dabei führt sie immer wieder plötzliche Schwenks aus.

Krickente

Die Krickente ist unsere kleinste Entenart. Während die Stockente bis zu fast 60 Zentimeter lang werden kann, erreicht die Krickente nur eine Länge von etwa 36 Zentimetern.

Ihren Namen hat die Krickente vom charakteristischen Ruf des Männchens: ein helles und klar klingendes „krrik“. Die Krickente gehört zu den Gründelenten, die auch Schwimmenten genannt werden. Beide Geschlechter besitzen kleine, glänzend grüne Federpartien auf den Flügeln. Diese Stellen werden auch Flügelspiegel genannt. Sicher kennst Du das auch von der Stockente: Bei ihr sind die Flügelspiegel blau.

Der Kopf der männlichen Krickente ist kastanienbraun und besitzt an den Seiten bogenförmige, grüne Flecken. Der ansonsten grau gefärbte Körper zeigt hinten einen auffallend hellgelben Fleck und auf den Rückenseiten jeweils eine waagerechte, weiße Linie. Das unscheinbarere Weibchen ist bräunlich gefärbt.

Das Nest der Krickente ist gut im dichten Pflanzenbewuchs an den Ufern flacher Seen und Teiche verborgen. Da sie sich dort während der Brutzeit im Frühjahr meistens aufhält, ist es gar nicht so leicht, diesen Vogel dann zu beobachten. Eine größere Chance, ihn zu sehen, hast Du im Herbst und Winter. Dann sammeln sich viele unserer Krickenten beispielsweise im Wattenmeer oder auch auf den Seen der Voralpen, um dort zu rasten oder zu überwintern. Die im Norden und Osten Europas brütenden Vögel ziehen im Winter meist in Länder rund um das Mittelmeer.

Links: Das Weibchen der Krickente ist tarnfarbig

Unten: Wunderschön bunt ist die Kopffärbung des Erpels

Pfeifenten sind elegante Flieger

Pfeifente

Wenn Du eine Pfeifente hörst, weißt Du gleich, wie sie zu ihrem Namen gekommen ist. Das Männchen macht sich nämlich immer wieder durch seine lauten, pfeifenden Rufe bemerkbar.

Die Pfeifente ist kleiner als die Stockente und gehört wie diese zu den Gründelenten. Das Männchen hat einen rotbraunen Kopf mit cremefarbenem Scheitel. Vorn ist die Pfeifente blassrosa, hinten schwarz und weiß. Das übrige Gefieder ist grau. Das Weibchen hat eine rötlich braune Farbe und sieht viel unscheinbarer aus als das Männchen.

Viele Pfeifenten kannst Du als Wintergäste an der Nordseeküste beobachten. Dort gründeln sie nicht nur im Wasser, sondern sind auch wie die Gänse in großer Zahl auf Grünland und Ackerflächen unterwegs, um nach Nahrung zu suchen. Und die besteht hauptsächlich aus Gräsern.

Die Pfeifente ist ein typischer Zugvogel. Das Sommerhalbjahr verbringt sie im hohen Norden. So brütet sie beispielsweise auf Island und in Sibirien. Im Herbst wandert die Pfeifente in Gegenden mit gutem Nahrungsangebot und angenehmen Temperaturen. Viele Pfeifenten überwintern im Wattenmeer oder in der Boddenlandschaft der Ostseeküste. Andere ziehen weiter bis in Länder am Mittelmeer. Wenn Pfeifenten im schnellen Flug über Dich hinwegwandern, kannst Du sie hören: Ihre Flügel machen nämlich ein hoch pfeifendes Fluggeräusch.

Fressen, fressen, fressen!

Um ihre Körpertemperatur im Winter auch bei Frost auf 40 Grad Celsius halten zu können, müssen die Pfeifenten reichlich „Energie tanken“: Da Gräser nährstoffarm sind, fressen die Enten Tag und Nacht, und zwar pro Tag etwa so viel, wie ihrem eigenen Körpergewicht entspricht. Wie viel Nahrung müsstest Du dementsprechend zu Dir nehmen?

Tafelente

Das Fleisch der Tafelente ist schmackhafter als das anderer Enten. Deshalb wurde sie früher häufig gejagt und landete dann frisch zubereitet auf einer Tafel, also auf einem größeren Tisch, um verspeist zu werden – daher stammt ihr Name.

Links siehst Du die Ente, rechts den Erpel der Tafelente

Kopf und Hals der männlichen Tafelente sind kastanienbraun und heben sich auffällig von der schwarzen Brust und dem hellgrauen Körper ab. Schaust Du durch ein Fernglas, entdeckst Du sicher auch das breite, hellblaue Band auf dem schwarzen Schnabel. Das Weibchen der Tafelente ist weniger kontrastreich gefärbt als das Männchen.

Tafelente und Reiherente gehören beide zu den Tauchenten. Nicht selten sind sie gemeinsam auf einem See oder einem anderen Gewässer unterwegs. Wenn sie nach Nahrung tauchen, machen sie einander kaum Konkurrenz: Die Tafelente sucht bevorzugt nach Wasserpflanzen, während es die Reiherente vor allem auf tierische Kost wie Muscheln und Schnecken abgesehen hat. Die beiden Arten gehen sich auch zeitlich aus dem Weg. Die Tafelente sucht ihre Nahrung überwiegend in der Nacht, die Reiherente dagegen nutzt den Tag zum Tauchen.

Tafelenten sind bei uns nicht selten. Sie brüten in mehreren Bundesländern, etwa in Schleswig-Holstein, Brandenburg und Bayern. Du kannst sie aber auch in der Schweiz und in Österreich beobachten, dort beispielsweise am Neusiedler See. Die Tafelente nistet gern an bewachsenen Ufern größerer, flacher Seen. Das Weibchen baut das Nest alleine und kümmert sich auch später ohne Hilfe des Männchens um den Nachwuchs. Die Jungen sind schon kurze Zeit nach dem Schlupf ziemlich selbstständig: Sie können gleich tauchen und sich Nahrung beschaffen.

Wenn die Tafelente so schwimmt, dann zeigt das an, dass sie „sauer" ist

Die sehr weichen Daunen der Eiderente, mit denen sie ihr Nest auspolstert, sind extrem begehrt

Eiderente

Die Eiderente ist eine typische Meeresente. Sie wird über zwei Kilogramm schwer. Im salzigen Wasser taucht die Eiderente vorwiegend nach Muscheln, Schnecken und Krebsen.

Im Unterschied zu allen anderen Entenarten besitzt die Eiderente eine keilförmige Kopfform. Das Männchen ist kontrastreich schwarz und weiß gefärbt. Die Halsseiten und der Nacken sind lindgrün, die Brust zart rosafarben. Das Weibchen ist braun mit dunkler Bänderung.

Mit ihren Bauchdaunen polstert die Eiderente das Nest aus. Diese besonders weichen Federn schützen die Eier und Küken vor Kälte. Der Mensch nutzt die wärmenden Daunen gern als Füllmaterial für Kopfkissen und Bettdecken. Damit die Eiderente keinen Stress bekommt, nehmen die Sammler die Federn aber erst dann aus dem Nest, wenn sie ihr Brutgeschäft abgeschlossen hat. Um genügend Eiderdaunen für ein einziges Kopfkissen zu erhalten, muss ein Sammler sie aus hunderten von Nestern entnehmen. Da das sehr aufwendig ist, sind Eiderdaunen ziemlich teuer.

Erpel der Eiderente

Eier im Nest aus kuscheligen Daunen

Das Weibchen ist wie fast immer bei Enten unauffällig gefärbt, das Gleiche gilt für die Küken

Zu viel Salz

Wenn die Eiderente ihre Beute frisst, nimmt sie dabei zwangsläufig auch immer etwas Meerwasser mit auf. Zu viel Salz in ihrem Körper würde sie aber krank machen. Besondere Drüsen in der Stirn scheiden daher das überschüssige Salz wieder aus.

Bei uns brütet die Eiderente an den Küsten der Nordsee. Einen kleineren Bestand gibt es auch an der Ostsee. Am liebsten hält sie sich zwischen vorgelagerten Inseln auf. Während der Balz kannst Du vom Weibchen Laute hören, die aus einiger Entfernung an das Tuckern eines Fischkutters erinnern.

Besonders viele Eiderenten sind im Winter bei uns. Dann haben sich zu den Brutvögeln noch Gäste aus dem hohen Norden gesellt. Manchmal brütet die Eiderente auch fernab der Küste, wie am Zeller See in Österreich und am Zürichsee in der Schweiz. Übrigens gilt die Eiderente als einer der schnellsten Streckenflieger unter den Vögeln: Eine Geschwindigkeit von bis zu 113 Kilometern pro Stunde erreichen die Tiere auf ihren Wanderungen!

Auch die Küken des Gänsesägers machen es sich manchmal auf dem Rücken der Mutter bequem

Gänsesäger

Diese Art ist so groß wie eine Brandgans und besitzt fein gesägte Schnabelkanten – daher kommt ihr Name. Der Gänsesäger hat einen langen, stromlinienförmigen Körper. Das Männchen ist überwiegend weiß gefärbt. Kopf und Hals sind allerdings schwarz und schimmern bei Sonnenschein metallisch grün. Auch die Schultern und der vordere Teil des Rückens haben eine schwarze Farbe. Hinten ist das Männchen hellgrau. Das überwiegend gräulich gefärbte Weibchen hat einen dunkel rotbraunen Kopf mit lockerem Schopf am Nacken.

Der Gänsesäger brütet in Höhlen. Als Nistplatz nimmt dieser Vogel gern Baumhöhlen, die er mit Daunen auspolstert, um darauf seine Eier zu legen und sie zu bebrüten. Manchmal zieht er auch in leere Nistkästen.

Als Lebensraum bevorzugt der Gänsesäger fischreiche Seen und Flüsse, in deren Nähe Bäume wachsen. Dort sucht er nach passenden Höhlen für sein Nest. Obwohl der Gänsesäger

Sägezahn-Schnabel

Die Nahrung des Gänsesägers besteht überwiegend aus Fisch. Damit ihm die schlüpfrige Beute nicht entwischt, besitzt dieser Entenvogel einen schlanken Hakenschnabel, der an seinen Rändern wie eine Säge gezahnt ist. Damit kann er seinen erjagten Fisch sehr gut festhalten.

Fisch ist die wichtigste Nahrung des Gänsesägers

Nah mit dem Gänsesäger verwandt ist der Mittelsäger

gern im Süßwasser nach Beute taucht, findest Du ihn als Brutvogel auch an der Ostseeküste. Besonders im Winterhalbjahr kannst Du ihn dort gut beobachten. Dann kommen noch viele Vögel aus Skandinavien hinzu, um die kalte Jahreszeit zu überstehen. Eine kleine Population von Gänsesägern brütet und überwintert auch auf einigen Flüssen und Seen im Voralpenraum.

Großes Entenvogel-Quiz

Du weißt jetzt schon gut Bescheid über die Entenvögel. Bestimmt kannst Du Deinen Freunden und Verwandten Spannendes aus dem Leben von Stockente, Graugans, Höckerschwan und Co erzählen. Hast Du Lust, Dein Wissen zu testen? Dann kreuze bei jeder Frage die Antwort mit Bleistift an, die Du für richtig hältst. Manchmal sind auch mehrere Lösungen korrekt. Auf Seite 64 findest Du die richtigen Antworten. Ich wünsche Dir viel Spaß!

1. Was haben alle Entenvögel gemeinsam?

a) Sie sind ziemlich groß. ❍
b) Sie haben Schwimmhäute zwischen den Zehen ❍
c) Sie können lange tauchen. ❍

2. Wo leben keine Entenvögel?

a) in Nordamerika ❍
b) in Australien ❍
c) in der Antarktis ❍

3. Wie heißt der größte Entenvogel der Welt?

a) Trauerschwan ❍
b) Höckerschwan ❍
c) Trompeterschwan ❍

4. Welcher Entenvogel ist Neubürger bei uns?

a) die Tafelente ❍
b) die Mandarinente ❍
c) die Graugans ❍

5. Welcher Entenvogel brütet in Baumhöhlen?

a) die Kolbenente ❍
b) die Löffelente ❍
c) die Schellente ❍

6. Wer kümmert sich bei der Stockente um den Nachwuchs?

a) nur das Weibchen ❍
b) Männchen und Weibchen ❍
c) nur das Männchen ❍

7. Welcher Entenvogel gründelt?

a) die Krickente ❍
b) die Stockente ❍
c) die Tafelente ❍

8. Welcher Entenvogel frisst vor allem Fisch?

a) die Reiherente ❍
b) der Gänsesäger ❍
c) der Singschwan ❍

9. Was hilft Dir beim Beobachten von Entenvögeln?

a) ein handliches Fernglas ❍
b) ein Bestimmungsbuch ❍
c) ein Notizbuch ❍

10. Welcher Entenvogel kann wie eine Schlange fauchen?

a) die Saatgans ❍
b) der Höckerschwan ❍
c) die Krickente ❍

11. Wie unterscheidet sich der Singschwan vom Höckerschwan?

a) Er schwimmt mit geradem Hals. ❍
b) Er ist größer. ❍
c) Sein Schnabel ist schwarz-gelb. ❍

12. Worin unterscheidet sich die männliche von der weiblichen Brandgans?

a) Sie besitzt einen auffallenden Schnabelhöcker. ❍
b) Beide sehen gleich aus. ❍
c) Ihr Schnabel ist gelb ❍

13. Woran kannst Du eine fliegende Nilgans erkennen?

a) an ihrem schnellen Flug .... ❍
b) an ihren weißen Vorderflügeln .... ❍
c) an ihrem langen Hals .... ❍

14. Wo brütet die Saatgans?

a) in Nordamerika .... ❍
b) in Australien .... ❍
c) in den arktischen Regionen .... ❍

15. Woran erinnern die Flugrufe der Weißwangengänse?

a) an das Tuckern eines Fischkutters ❍
b) an das Bellen von Hunden .... ❍
c) an das Schnattern von Graugänsen .... ❍

16. Welcher Entenvogel liefert Daunen für Kissen?

a) die Löffelente .... ❍
b) die Eiderente .... ❍
c) die Hausgans .... ❍

17. Wie tief kann die Kolbenente tauchen?

a) bis zu zwei Meter .... ❍
b) bis zu vier Meter .... ❍
c) bis zu zehn Meter .... ❍

18. Welcher Entenvogel besitzt einen grünen Flügelspiegel?

a) die Stockente .... ❍
b) die Krickente .... ❍
c) die Eiderente .... ❍

19. Zu welcher Schwanenart gehören Hamburgs Alsterschwäne?

a) Singschwan .... ❍
b) Trauerschwan .... ❍
c) Höckerschwan .... ❍

20. Welche Hauptgefahren drohen ziehenden Blässgänsen?

a) Verlust von Rastplätzen .... ❍
b) Jagd .... ❍
c) Flugzeuge .... ❍

Lösungen zum Entenvogel-Quiz:

1. b) Alle Entenvögel besitzen Schwimmhäute zwischen den Zehen.
2. c) In der eiskalten Antarktis leben keine Entenvögel, denn dort gibt es kaum Pflanzen und Brutmöglichkeiten.
3. c) Trompeterschwan ist der größte Entenvogel der Welt.
4. b) Die Mandarinente ist Neubürger bei uns. Sie stammt aus Ostasien.
5. c) Die Schellente brütet in Baumhöhlen. Sie nimmt aber auch gern Nistkästen an.
6. a) Bei der Stockente kümmert sich nur das Weibchen um den Nachwuchs.
7. a) und b) Die Krickente und die Stockente gelangen oft durch Gründeln an ihre Nahrung. Die Tafelente gehört zu den Tauchenten: Sie findet ihre Nahrung auch in tieferen Gewässern.
8. b) Der Gänsesäger frisst fast nur Fisch.
9. a) , b) und c) Beim Beobachten von Entenvögeln helfen Dir ein handliches Fernglas, ein Bestimmungsbuch und ein Notizbuch.
10. b) Fühlt sich ein Höckerschwan bedroht, kann er wie eine Schlange fauchen. Reicht das nicht zur Abschreckung, beißt er auch zu.
11. a) und c) Der Singschwan schwimmt mit geradem Hals und hat einen schwarzgelben Schnabel. Beim Höckerschwan ist der Hals beim Schwimmen s-förmig gebogen, und sein orangeroter Schnabel hat einen schwarzen Schnabelhöcker.
12. a) Die männliche Brandgans besitzt einen auffallenden Höcker auf dem roten Schnabel.
13. b) Eine fliegende Nilgans ist gut an ihren weißen Vorderflügeln zu erkennen.
14. c) Die Saatgans brütet in den arktischen Regionen Europas und Asiens, beispielsweise in Nordskandinavien und in Ostsibirien.
15. b) Die Flugrufe der Weißwangengänse erinnern an das Bellen von Hunden.
16. b) und c) Die Eiderente und die Hausgans liefern weiche Daunen für Kissen, aber auch für Bettdecken oder Jacken. Besonders teuer sind die Daunen der Eiderente, da sie ein Sammler aus hunderten von Nestern entnehmen muss.
17. b) Eine Kolbenente kann bis zu vier Meter tief tauchen, um an Wasserpflanzen oder Algen zu gelangen.
18. b) Die Krickente besitzt einen grünen Flügelspiegel. Bei der Stockente ist er blau. Die Eiderente hat keinen Flügelspiegel.
19. c) Hamburgs Alsterschwäne sind Höckerschwäne.
20. a) und b) Ziehende Blässgänse leiden unter dem Verlust von Rastplätzen. Sie finden dort beispielsweise durch Trockenlegung nicht mehr genügend Nahrung. Auch müssen sie auf ihren Wanderungen und im Winterquartier Jäger fürchten.

Entdecke die Reihe mit der Eule!

Entdecke die Eulen

Entdecke die Greifvögel

Entdecke die Geier

Entdecke die Rabenvögel

Entdecke die Spechte

Entdecke die Finken

Entdecke die Spatzen

Entdecke die Eisvögel

Entdecke die Zugvögel

Entdecke die Singvögel

Entdecke die Meisen

Entdecke die Kraniche

Entdecke die Störche

Entdecke Schwäne, Gänse & Enten

Entdecke die Möwen

Entdecke die Pinguine

Entdecke die Papageien

Entdecke die Kolibris

Entdecke die Fledermäuse

Entdecke die Hunde

Entdecke die Kühe

Entdecke die Pferde

Entdecke die Esel

Entdecke die Nagetiere

Entdecke die Igel

Entdecke die Waschbären

Entdecke die Biber

Entdecke die Otter

Entdecke heimische Wildtiere

Entdecke die Wölfe

Entdecke die Bären

Entdecke die Tiger

Entdecke die Menschenaffen

Entdecke Affen und Lemuren

Entdecke die Pandas

Entdecke die Elefanten

Entdecke die Nashörner

Entdecke die Erdmännchen

Entdecke die Beuteltiere

Natur und Tier - Verlag GmbH
An der Kleimannbrücke 39/41 · 48157 Münster
Telefon: 0251 - 13339-0 · Fax: 0251 - 13339-33
E-Mail: verlag@ms-verlag.de · www.ms-verlag.de